for *Sake*

Get Organized

This Planner Belongs To:

Name: _____

Phone: _____

Email: _____

Due-Date	Bill Due
1	
2	
3	
4	
5	
6	
7	
8	
9	
10	
11	
12	
13	
14	
15	
16	
17	
18	
19	
20	
21	
22	
23	
24	
25	
26	
27	
28	
29	
30	
31	

Income	Estimate	Actual	Difference

TOTAL

Expense	Estimate	Actual	Difference

Total

Copyright © E-BookBuilders 2019 ebookbuilders@gmail.com

JAN | FEB | MAR | APR | MAY | JUN
JUL | AUG | SEP | OCT | NOV | DEC

Mon	Tues	Wed	Thurs	Fri	Sat	Sun

Important Dates this Month:

Week Starting			Mon	Tue	Wed
M	1	JAN			
T	2	FEB			
W	3	MAR			
T	4	APR			
F	5	MAY	*Morning*	*Morning*	*Morning*
S	6	JUN			
S	7	JUL			
	8	AUG			
	9	SEP			
	10	OCT			
	11	NOV			
	12	DEC			
	13				
	14				
	15		*Afternoon*	*Afternoon*	*Afternoon*
	16				
	17				
	18				
	19				
	20				
	21				
	22				
	23				
	24				
	25		*Evening*	*Evening*	*Evening*
	26				
	27				
	28				
	29				
	30				
	31				

MEETINGS		DATE		
8:00		M	JAN	1
		T	FEB	2
9:00		W	MAR	3
		T	APR	4
		F	MAY	5
10:00		S	JUN	6
		S	JUL	7
11:00			AUG	8
			SEP	9
			OCT	10
12:00			NOV	11
			DEC	12
1:00				13
				14
				15
2:00				16
				17
				18
3:00				19
				20
				21
4:00				22
				23
				24
5:00				25
				26
6:00				27
				28
				29
7:00				30
MEETINGS				31

CALLS & EMAILS

- [ ]
- [ ]
- [ ]
- [ ]
- [ ]
- [ ]
- [ ]
- [ ]
- [ ]
- [ ]
- [ ]
- [ ]
- [ ]
- [ ]
- [ ]
- [ ]
- [ ]
- [ ]
- [ ]

TO DO

- [ ]
- [ ]
- [ ]
- [ ]
- [ ]
- [ ]
- [ ]
- [ ]
- [ ]
- [ ]
- [ ]
- [ ]
- [ ]
- [ ]
- [ ]
- [ ]
- [ ]
- [ ]
- [ ]

CALLS & EMAILS

MEETINGS	DATE			CALLS & EMAILS
8:00	M	JAN	1	
	T	FEB	2	
	W	MAR	3	
9:00	T	APR	4	
	F	MAY	5	
10:00	S	JUN	6	
	S	JUL	7	
		AUG	8	
11:00		SEP	9	
		OCT	10	
12:00		NOV	11	
		DEC	12	
			13	
1:00			14	
			15	
2:00			16	TO DO
			17	
			18	
3:00			19	
			20	
			21	
4:00			22	
			23	
5:00			24	
			25	
			26	
6:00			27	
			28	
			29	
7:00			30	
			31	

MEETINGS

8:00

9:00

10:00

11:00

12:00

1:00

2:00

3:00

4:00

5:00

6:00

7:00

DATE

M	JAN	1
T	FEB	2
W	MAR	3
T	APR	4
F	MAY	5
S	JUN	6
S	JUL	7
	AUG	8
	SEP	9
	OCT	10
	NOV	11
	DEC	12

13
14
15
16
17
18
19
20
21
22
23
24
25
26
27
28
29
30
31

CALLS & EMAILS

☐ ___
☐ ___
☐ ___
☐ ___
☐ ___
☐ ___
☐ ___
☐ ___
☐ ___
☐ ___
☐ ___
☐ ___
☐ ___
☐ ___
☐ ___
☐ ___
☐ ___

TO DO

☐ ___
☐ ___
☐ ___
☐ ___
☐ ___
☐ ___
☐ ___
☐ ___
☐ ___
☐ ___
☐ ___
☐ ___
☐ ___
☐ ___
☐ ___

MEETINGS	DATE			CALLS & EMAILS
8:00	M	JAN	1	☐
	T	FEB	2	☐
	W	MAR	3	☐
9:00	T	APR	4	☐
	F	MAY	5	☐
	S	JUN	6	☐
10:00	S	JUL	7	☐
		AUG	8	☐
11:00		SEP	9	☐
		OCT	10	☐
		NOV	11	☐
12:00		DEC	12	☐
			13	☐
1:00			14	☐
			15	
			16	
2:00			17	**TO DO**
			18	
3:00			19	☐
			20	☐
			21	☐
4:00			22	☐
			23	☐
			24	☐
5:00			25	☐
			26	☐
6:00			27	☐
			28	☐
			29	☐
7:00			30	☐
			31	

MEETINGS

- 8:00
- 9:00
- 10:00
- 11:00
- 12:00
- 1:00
- 2:00
- 3:00
- 4:00
- 5:00
- 6:00
- 7:00

DATE

M	JAN	1
T	FEB	2
W	MAR	3
T	APR	4
F	MAY	5
S	JUN	6
S	JUL	7
	AUG	8
	SEP	9
	OCT	10
	NOV	11
	DEC	12
		13
		14
		15
		16
		17
		18
		19
		20
		21
		22
		23
		24
		25
		26
		27
		28
		29
		30
		31

CALLS & EMAILS

- ☐ _____
- ☐ _____
- ☐ _____
- ☐ _____
- ☐ _____
- ☐ _____
- ☐ _____
- ☐ _____
- ☐ _____
- ☐ _____
- ☐ _____
- ☐ _____
- ☐ _____
- ☐ _____
- ☐ _____
- ☐ _____
- ☐ _____
- ☐ _____

TO DO

- ☐ _____
- ☐ _____
- ☐ _____
- ☐ _____
- ☐ _____
- ☐ _____
- ☐ _____
- ☐ _____
- ☐ _____
- ☐ _____
- ☐ _____
- ☐ _____
- ☐ _____
- ☐ _____
- ☐ _____
- ☐ _____
- ☐ _____

MEETINGS	DATE	CALLS & EMAILS
8:00	M JAN 1	
9:00	T FEB 2	
	W MAR 3	
10:00	T APR 4	
	F MAY 5	
11:00	S JUN 6	
	S JUL 7	
12:00	AUG 8	
	SEP 9	
1:00	OCT 10	
	NOV 11	
2:00	DEC 12	
	13	
3:00	14	
	15	**TO DO**
4:00	16	
	17	
5:00	18	
	19	
6:00	20	
	...	
7:00	31	

MEETINGS		DATE		CALLS & EMAILS
8:00	M	JAN	1	
	T	FEB	2	
	W	MAR	3	
9:00	T	APR	4	
	F	MAY	5	
	S	JUN	6	
10:00	S	JUL	7	
		AUG	8	
		SEP	9	
11:00		OCT	10	
		NOV	11	
12:00		DEC	12	
			13	
1:00			14	
			15	
			16	
2:00			17	**TO DO**
			18	
3:00			19	
			20	
			21	
4:00			22	
			23	
5:00			24	
			25	
			26	
6:00			27	
			28	
			29	
7:00			30	
	M	JAN	31	

Notes

Water

Don't Forget

Menu Planner

	Breakfast	Lunch	Dinner
Mon			
Tue			
Wed			
Thur			
Fri			
Sat			
Sun			

Notes:

Shopping List

vegetables	qty/note

fruits	qty/note

dairy	qty/note

breads	qty/note

meats & seafood	qty/note

drinks	qty/note

condiments	qty/note

deli meat	qty/note

snacks	qty/note

cheese	qty/note

spices	qty/note

grains	qty/note

frozen	qty/note

canned/packaged	qty/note

personal care	qty/note

other	qty/note

Week Starting	Mon	Tue	Wed
M 1 JAN			
T 2 FEB			
W 3 MAR			
T 4 APR			
F 5 MAY	*Morning*	*Morning*	*Morning*
S 6 JUN			
S 7 JUL			
8 AUG			
9 SEP			
10 OCT			
11 NOV			
12 DEC			
13			
14			
15	*Afternoon*	*Afternoon*	*Afternoon*
16			
17			
18			
19			
20			
21			
22			
23			
24			
25	*Evening*	*Evening*	*Evening*
26			
27			
28			
29			
30			
31			

MEETINGS		DATE			CALLS & EMAILS
8:00		M	JAN	1	
		T	FEB	2	
		W	MAR	3	
9:00		T	APR	4	
		F	MAY	5	
10:00		S	JUN	6	
		S	JUL	7	
			AUG	8	
11:00			SEP	9	
			OCT	10	
12:00			NOV	11	
			DEC	12	
				13	
1:00				14	
				15	
				16	
2:00				17	**TO DO**
				18	
3:00				19	
				20	
				21	
4:00				22	
				23	
5:00				24	
				25	
				26	
6:00				27	
				28	
				29	
7:00				30	
MEETINGS				31	

MEETINGS

8:00

9:00

10:00

11:00

12:00

1:00

2:00

3:00

4:00

5:00

6:00

7:00

DATE

M JAN 1
T FEB 2
W MAR 3
T APR 4
F MAY 5
S JUN 6
S JUL 7
  AUG 8
  SEP 9
  OCT 10
  NOV 11
  DEC 12
     13
     14
     15
     16
     17
     18
     19
     20
     21
     22
     23
     24
     25
     26
     27
     28
     29
     30
     31

CALLS & EMAILS

TO DO

MEETINGS		DATE		CALLS & EMAILS
8:00	M	JAN	1	☐ _____
	T	FEB	2	☐ _____
9:00	W	MAR	3	☐ _____
	T	APR	4	☐ _____
10:00	F	MAY	5	☐ _____
	S	JUN	6	☐ _____
11:00	S	JUL	7	☐ _____
		AUG	8	☐ _____
12:00		SEP	9	☐ _____
		OCT	10	☐ _____
1:00		NOV	11	☐ _____
		DEC	12	☐ _____
2:00			13	☐ _____
			14	☐ _____
3:00			15	☐ _____
			16	
4:00			17	**TO DO**
			18	
5:00			19	☐ _____
			20	☐ _____
6:00			21	☐ _____
			22	☐ _____
7:00			23	☐ _____
			24	☐ _____
			25	☐ _____
			26	☐ _____
			27	☐ _____
			28	☐ _____
			29	☐ _____
			30	☐ _____
			31	

Notes

Water

Don't Forget

MEETINGS	DATE			CALLS & EMAILS
8:00	M	JAN	1	☐
	T	FEB	2	☐
	W	MAR	3	☐
9:00	T	APR	4	☐
	F	MAY	5	☐
10:00	S	JUN	6	☐
	S	JUL	7	☐
		AUG	8	☐
11:00		SEP	9	☐
		OCT	10	☐
12:00		NOV	11	☐
		DEC	12	☐
			13	☐
1:00			14	☐
			15	☐
			16	
2:00			17	**TO DO**
			18	
3:00			19	☐
			20	☐
			21	☐
4:00			22	☐
			23	☐
5:00			24	☐
			25	☐
			26	☐
6:00			27	☐
			28	☐
7:00			29	☐
			30	☐
			31	

MEETINGS		DATE			CALLS & EMAILS
8:00		M	JAN	1	☐
		T	FEB	2	☐
		W	MAR	3	☐
9:00		T	APR	4	☐
		F	MAY	5	☐
		S	JUN	6	☐
10:00		S	JUL	7	☐
			AUG	8	☐
11:00			SEP	9	☐
			OCT	10	☐
			NOV	11	☐
12:00			DEC	12	☐
				13	☐
1:00				14	☐
				15	☐
				16	
2:00				17	**TO DO**
				18	
3:00				19	☐
				20	☐
				21	☐
4:00				22	☐
				23	☐
				24	☐
5:00				25	☐
				26	☐
6:00				27	☐
				28	☐
				29	☐
7:00				30	☐
				31	

Notes

Water

Don't Forget

MEETINGS	DATE	CALLS & EMAILS
8:00	M JAN 1	
9:00	T FEB 2	
10:00	W MAR 3	
11:00	T APR 4	
12:00	F MAY 5	
1:00	S JUN 6	
2:00	S JUL 7	
3:00	AUG 8	
4:00	SEP 9	
5:00	OCT 10	
6:00	NOV 11	
7:00	DEC 12	

Dates: 13, 14, 15, 16, 17, 18, 19, 20, 21, 22, 23, 24, 25, 26, 27, 28, 29, 30, 31

TO DO

Notes

Water

Don't Forget

MEETINGS	DATE			CALLS & EMAILS
8:00	M	JAN	1	☐
	T	FEB	2	☐
	W	MAR	3	☐
9:00	T	APR	4	☐
	F	MAY	5	☐
10:00	S	JUN	6	☐
	S	JUL	7	☐
		AUG	8	☐
11:00		SEP	9	☐
		OCT	10	☐
		NOV	11	☐
12:00		DEC	12	☐
			13	☐
1:00			14	☐
			15	☐
			16	
2:00			17	**TO DO**
			18	
3:00			19	☐
			20	☐
			21	☐
4:00			22	☐
			23	☐
5:00			24	☐
			25	☐
			26	☐
6:00			27	☐
			28	☐
			29	☐
7:00			30	☐
			31	

Notes

Water

Don't Forget

○ _____   ○ _____
○ _____   ○ _____
○ _____   ○ _____
○ _____   ○ _____
○ _____   ○ _____
○ _____   ○ _____
○ _____   ○ _____

Menu Planner

	Breakfast	Lunch	Dinner
Mon			
Tue			
Wed			
Thur			
Fri			
Sat			
Sun			

Notes:

Shopping List

vegetables	qty/note

fruits	qty/note

dairy	qty/note

breads	qty/note

meats & seafood	qty/note

drinks	qty/note

condiments	qty/note

deli meat	qty/note

snacks	qty/note

cheese	qty/note

spices	qty/note

grains	qty/note

frozen	qty/note

canned/packaged	qty/note

other	qty/note

personal care	qty/note

Week Starting			Mon	Tue	Wed
M	1	JAN	*Morning*	*Morning*	*Morning*
T	2	FEB			
W	3	MAR			
T	4	APR			
F	5	MAY			
S	6	JUN			
S	7	JUL			
	8	AUG			
	9	SEP			
	10	OCT			
	11	NOV	*Afternoon*	*Afternoon*	*Afternoon*
	12	DEC			
	13				
	14				
	15				
	16				
	17				
	18				
	19				
	20				
	21				
	22		*Evening*	*Evening*	*Evening*
	23				
	24				
	25				
	26				
	27				
	28				
	29				
	30				
	31				

MEETINGS	DATE	CALLS & EMAILS
8:00	M JAN 1	☐
	T FEB 2	☐
9:00	W MAR 3	☐
	T APR 4	☐
10:00	F MAY 5	☐
	S JUN 6	☐
11:00	S JUL 7	☐
	AUG 8	☐
12:00	SEP 9	☐
	OCT 10	☐
1:00	NOV 11	☐
	DEC 12	☐
2:00	13	☐
	14	☐
3:00	15	

TO DO

4:00	16	☐
	17	☐
5:00	18	☐
	19	☐
6:00	20	☐
	21	☐
7:00	22	☐
	23	☐
	24	☐
	25	☐
	26	☐
	27	☐
	28	☐
	29	☐
	30	☐
	31	

Notes

Water

Don't Forget

MEETINGS

8:00

9:00

10:00

11:00

12:00

1:00

2:00

3:00

4:00

5:00

6:00

7:00

DATE

M   JAN   1
T   FEB   2
W   MAR   3
T   APR   4
F   MAY   5
S   JUN   6
S   JUL   7
    AUG   8
    SEP   9
    OCT   10
    NOV   11
    DEC   12
          13
          14
          15
          16
          17
          18
          19
          20
          21
          22
          23
          24
          25
          26
          27
          28
          29
          30
          31

CALLS & EMAILS

☐ _____
☐ _____
☐ _____
☐ _____
☐ _____
☐ _____
☐ _____
☐ _____
☐ _____
☐ _____
☐ _____
☐ _____
☐ _____
☐ _____
☐ _____
☐ _____
☐ _____
☐ _____

TO DO

☐ _____
☐ _____
☐ _____
☐ _____
☐ _____
☐ _____
☐ _____
☐ _____
☐ _____
☐ _____
☐ _____
☐ _____
☐ _____
☐ _____
☐ _____
☐ _____
☐ _____

MEETINGS	DATE			CALLS & EMAILS
8:00	M	JAN	1	
	T	FEB	2	
	W	MAR	3	
9:00	T	APR	4	
	F	MAY	5	
10:00	S	JUN	6	
	S	JUL	7	
		AUG	8	
11:00		SEP	9	
		OCT	10	
		NOV	11	
12:00		DEC	12	
			13	
1:00			14	
			15	
			16	
2:00			17	**TO DO**
			18	
3:00			19	
			20	
			21	
4:00			22	
			23	
			24	
5:00			25	
			26	
6:00			27	
			28	
			29	
7:00			30	
			31	

Notes

Water

Don't Forget

MEETINGS	DATE	CALLS & EMAILS
8:00	M JAN 1	☐
	T FEB 2	☐
9:00	W MAR 3	☐
	T APR 4	☐
10:00	F MAY 5	☐
	S JUN 6	☐
11:00	S JUL 7	☐
	AUG 8	☐
12:00	SEP 9	☐
	OCT 10	☐
1:00	NOV 11	☐
	DEC 12	☐
2:00	13	
	14	
3:00	15	
	16	**TO DO**
4:00	17	☐
	18	☐
5:00	19	☐
	20	☐
6:00	21	☐
	22	☐
7:00	23	☐
	24	☐
	25	☐
	26	☐
	27	☐
	28	☐
	29	☐
	30	☐
	31	☐

MEETINGS

- 8:00
- 9:00
- 10:00
- 11:00
- 12:00
- 1:00
- 2:00
- 3:00
- 4:00
- 5:00
- 6:00
- 7:00

DATE

M	JAN	1
T	FEB	2
W	MAR	3
T	APR	4
F	MAY	5
S	JUN	6
S	JUL	7
	AUG	8
	SEP	9
	OCT	10
	NOV	11
	DEC	12
		13
		14
		15
		16
		17
		18
		19
		20
		21
		22
		23
		24
		25
		26
		27
		28
		29
		30
		31

CALLS & EMAILS

☐ _____
☐ _____
☐ _____
☐ _____
☐ _____
☐ _____
☐ _____
☐ _____
☐ _____
☐ _____
☐ _____
☐ _____
☐ _____
☐ _____
☐ _____
☐ _____
☐ _____
☐ _____
☐ _____
☐ _____

TO DO

☐ _____
☐ _____
☐ _____
☐ _____
☐ _____
☐ _____
☐ _____
☐ _____
☐ _____
☐ _____
☐ _____
☐ _____
☐ _____
☐ _____
☐ _____

Notes

Water

Don't Forget

MEETINGS		DATE		
8:00		M	JAN	1
		T	FEB	2
9:00		W	MAR	3
		T	APR	4
		F	MAY	5
10:00		S	JUN	6
		S	JUL	7
11:00			AUG	8
			SEP	9
			OCT	10
12:00			NOV	11
			DEC	12
1:00				13
				14
2:00				15
				16
				17
3:00				18
				19
4:00				20
				21
				22
5:00				23
				24
6:00				25
				26
				27
7:00				28
				29
MEETINGS				30
				31

CALLS & EMAILS

☐ _____
☐ _____
☐ _____
☐ _____
☐ _____
☐ _____
☐ _____
☐ _____
☐ _____
☐ _____
☐ _____
☐ _____
☐ _____
☐ _____
☐ _____
☐ _____
☐ _____

TO DO

☐ _____
☐ _____
☐ _____
☐ _____
☐ _____
☐ _____
☐ _____
☐ _____
☐ _____
☐ _____
☐ _____
☐ _____
☐ _____
☐ _____
☐ _____
☐ _____

Notes

Water

Don't Forget

MEETINGS		DATE			CALLS & EMAILS
8:00		M	JAN	1	☐
		T	FEB	2	☐
		W	MAR	3	☐
9:00		T	APR	4	☐
		F	MAY	5	☐
		S	JUN	6	☐
10:00		S	JUL	7	☐
			AUG	8	☐
			SEP	9	☐
11:00			OCT	10	☐
			NOV	11	☐
12:00			DEC	12	☐
				13	☐
1:00				14	☐
				15	☐
				16	
2:00				17	**TO DO**
				18	☐
3:00				19	☐
				20	☐
				21	☐
4:00				22	☐
				23	☐
5:00				24	☐
				25	☐
				26	☐
6:00				27	☐
				28	☐
				29	☐
7:00				30	☐
				31	

Notes

Water

Don't Forget

Menu Planner

	Breakfast	Lunch	Dinner
Mon			
Tue			
Wed			
Thur			
Fri			
Sat			
Sun			

Notes:

Shopping List

vegetables	qty/note

fruits	qty/note

dairy	qty/note

breads	qty/note

meats & seafood	qty/note

drinks	qty/note

condiments	qty/note

deli meat	qty/note

snacks	qty/note

cheese	qty/note

spices	qty/note

grains	qty/note

frozen	qty/note

canned/packaged	qty/note

other	qty/note

personal care	qty/note

Week Starting	Mon	Tue	Wed
M 1 JAN			
T 2 FEB			
W 3 MAR	*Morning*	*Morning*	*Morning*
T 4 APR			
F 5 MAY			
S 6 JUN			
S 7 JUL			
8 AUG			
9 SEP			
10 OCT			
11 NOV			
12 DEC			
13			
14			
15	*Afternoon*	*Afternoon*	*Afternoon*
16			
17			
18			
19			
20			
21			
22			
23			
24			
25	*Evening*	*Evening*	*Evening*
26			
27			
28			
29			
30			
31			

MEETINGS	DATE	CALLS & EMAILS
8:00	M JAN 1	☐
	T FEB 2	☐
9:00	W MAR 3	☐
	T APR 4	☐
10:00	F MAY 5	☐
	S JUN 6	☐
11:00	S JUL 7	☐
	AUG 8	☐
12:00	SEP 9	☐
	OCT 10	☐
1:00	NOV 11	☐
	DEC 12	☐
2:00	13	☐
	14	☐
	15	

TO DO

3:00	16 17 18 19	☐
4:00	20 21 22 23	☐
5:00	24 25 26	☐
6:00	27 28 29	☐
7:00	30 31	☐

MEETINGS

Notes

Water

Don't Forget

MEETINGS	DATE	CALLS & EMAILS
8:00	M JAN 1	☐
	T FEB 2	☐
9:00	W MAR 3	☐
	T APR 4	☐
10:00	F MAY 5	☐
	S JUN 6	☐
11:00	S JUL 7	☐
	AUG 8	☐
12:00	SEP 9	☐
	OCT 10	☐
1:00	NOV 11	☐
	DEC 12	☐
2:00	13	☐
	14	☐
3:00	15	
	16	**TO DO**
4:00	17	☐
	18	☐
5:00	19	☐
	20	☐
6:00	21	☐
	22	☐
7:00	23	☐
	24	☐
	25	☐
	26	☐
	27	☐
	28	☐
	29	☐
	30	☐
	31	

MEETINGS	DATE	CALLS & EMAILS
8:00	M JAN 1	☐ _____
	T FEB 2	☐ _____
9:00	W MAR 3	☐ _____
	T APR 4	☐ _____
	F MAY 5	☐ _____
10:00	S JUN 6	☐ _____
	S JUL 7	☐ _____
	AUG 8	☐ _____
11:00	SEP 9	☐ _____
	OCT 10	☐ _____
	NOV 11	☐ _____
12:00	DEC 12	☐ _____
	13	☐ _____
1:00	14	☐ _____
	15	☐ _____
	16	

		TO DO
2:00	17	
	18	
3:00	19	☐ _____
	20	☐ _____
	21	☐ _____
4:00	22	☐ _____
	23	☐ _____
	24	☐ _____
5:00	25	☐ _____
	26	☐ _____
	27	☐ _____
6:00	28	☐ _____
	29	☐ _____
7:00	30	☐ _____
	31	☐ _____

Notes

Water

Don't Forget

MEETINGS

8:00

9:00

10:00

11:00

12:00

1:00

2:00

3:00

4:00

5:00

6:00

7:00

DATE

M	JAN	1
T	FEB	2
W	MAR	3
T	APR	4
F	MAY	5
S	JUN	6
S	JUL	7
	AUG	8
	SEP	9
	OCT	10
	NOV	11
	DEC	12
		13
		14
		15
		16
		17
		18
		19
		20
		21
		22
		23
		24
		25
		26
		27
		28
		29
		30
		31

CALLS & EMAILS

☐ _____
☐ _____
☐ _____
☐ _____
☐ _____
☐ _____
☐ _____
☐ _____
☐ _____
☐ _____
☐ _____
☐ _____
☐ _____
☐ _____
☐ _____
☐ _____

TO DO

☐ _____
☐ _____
☐ _____
☐ _____
☐ _____
☐ _____
☐ _____
☐ _____
☐ _____
☐ _____
☐ _____
☐ _____
☐ _____

MEETINGS	DATE	CALLS & EMAILS
8:00	M JAN 1	
9:00	T FEB 2	
10:00	W MAR 3	
11:00	T APR 4	
12:00	F MAY 5	
1:00	S JUN 6	
2:00	S JUL 7	
3:00	AUG 8	
4:00	SEP 9	
5:00	OCT 10	
6:00	NOV 11	
7:00	DEC 12	

13
14
15
16
17
18
19
20
21
22
23
24
25
26
27
28
29
30
31

TO DO

Notes

Water

Don't Forget

MEETINGS

- 8:00
- 9:00
- 10:00
- 11:00
- 12:00
- 1:00
- 2:00
- 3:00
- 4:00
- 5:00
- 6:00
- 7:00

DATE

M JAN 1
T FEB 2
W MAR 3
T APR 4
F MAY 5
S JUN 6
S JUL 7
    AUG 8
    SEP 9
    OCT 10
    NOV 11
    DEC 12
 13
 14
 15
 16
 17
 18
 19
 20
 21
 22
 23
 24
 25
 26
 27
 28
 29
 30
 31

CALLS & EMAILS

- [ ]
- [ ]
- [ ]
- [ ]
- [ ]
- [ ]
- [ ]
- [ ]
- [ ]
- [ ]
- [ ]
- [ ]
- [ ]
- [ ]
- [ ]
- [ ]
- [ ]
- [ ]
- [ ]
- [ ]
- [ ]

TO DO

- [ ]
- [ ]
- [ ]
- [ ]
- [ ]
- [ ]
- [ ]
- [ ]
- [ ]
- [ ]
- [ ]
- [ ]
- [ ]
- [ ]
- [ ]
- [ ]

MEETINGS	DATE			CALLS & EMAILS
8:00	M	JAN	1	
	T	FEB	2	
	W	MAR	3	
9:00	T	APR	4	
	F	MAY	5	
10:00	S	JUN	6	
	S	JUL	7	
		AUG	8	
11:00		SEP	9	
		OCT	10	
12:00		NOV	11	
		DEC	12	
			13	
1:00			14	
			15	
			16	**TO DO**
2:00			17	
			18	
3:00			19	
			20	
			21	
4:00			22	
			23	
			24	
5:00			25	
			26	
6:00			27	
			28	
			29	
7:00			30	
			31	

Notes

Water

Don't Forget

Menu Planner

	Breakfast	Lunch	Dinner
Mon			
Tue			
Wed			
Thur			
Fri			
Sat			
Sun			

Notes:

Shopping List

vegetables	qty/note

fruits	qty/note

dairy	qty/note

breads	qty/note

meats & seafood	qty/note

drinks	qty/note

condiments	qty/note

deli meat	qty/note

snacks	qty/note

cheese	qty/note

spices	qty/note

grains	qty/note

frozen	qty/note

canned/packaged	qty/note

personal care	qty/note

other	qty/note

Week Starting	Mon	Tue	Wed
M 1 JAN			
T 2 FEB			
W 3 MAR			
T 4 APR	*Morning*	*Morning*	*Morning*
F 5 MAY			
S 6 JUN			
S 7 JUL			
8 AUG			
9 SEP			
10 OCT			
11 NOV			
12 DEC			
13			
14			
15	*Afternoon*	*Afternoon*	*Afternoon*
16			
17			
18			
19			
20			
21			
22			
23			
24			
25	*Evening*	*Evening*	*Evening*
26			
27			
28			
29			
30			
31			

MEETINGS		DATE		CALLS & EMAILS
8:00	M	JAN	1	
	T	FEB	2	
9:00	W	MAR	3	
	T	APR	4	
10:00	F	MAY	5	
	S	JUN	6	
11:00	S	JUL	7	
		AUG	8	
12:00		SEP	9	
		OCT	10	
1:00		NOV	11	
		DEC	12	
2:00			13	
			14	
3:00			15	
			16	**TO DO**
4:00			17	
			18	
5:00			19	
			20	
6:00			21	
			22	
7:00			23	
			24	
			25	
			26	
			27	
			28	
			29	
			30	
			31	

Notes

Water

Don't Forget

MEETINGS

8:00

9:00

10:00

11:00

12:00

1:00

2:00

3:00

4:00

5:00

6:00

7:00

DATE

M	JAN	1
T	FEB	2
W	MAR	3
T	APR	4
F	MAY	5
S	JUN	6
S	JUL	7
	AUG	8
	SEP	9
	OCT	10
	NOV	11
	DEC	12
		13
		14
		15
		16
		17
		18
		19
		20
		21
		22
		23
		24
		25
		26
		27
		28
		29
		30
		31

CALLS & EMAILS

TO DO

MEETINGS	DATE	CALLS & EMAILS
8:00	M JAN 1	☐
	T FEB 2	☐
	W MAR 3	☐
9:00	T APR 4	☐
	F MAY 5	☐
10:00	S JUN 6	☐
	S JUL 7	☐
	AUG 8	☐
11:00	SEP 9	☐
	OCT 10	☐
12:00	NOV 11	☐
	DEC 12	☐
	13	☐
1:00	14	☐
	15	☐
	16	
2:00	17	**TO DO**
	18	
3:00	19	☐
	20	☐
	21	☐
4:00	22	☐
	23	☐
5:00	24	☐
	25	☐
	26	☐
6:00	27	☐
	28	☐
	29	☐
7:00	30	☐
	31	

Notes

Water

Don't Forget

MEETINGS	DATE	CALLS & EMAILS
8:00	M JAN 1	☐
	T FEB 2	☐
9:00	W MAR 3	☐
	T APR 4	☐
10:00	F MAY 5	☐
	S JUN 6	☐
11:00	S JUL 7	☐
	AUG 8	☐
12:00	SEP 9	☐
	OCT 10	☐
1:00	NOV 11	☐
	DEC 12	☐
2:00	13	☐
	14	☐
3:00	15	☐
	16	
4:00	17	**TO DO**
	18	☐
5:00	19	☐
	20	☐
6:00	21	☐
	22	☐
7:00	23	☐
	24	☐
	25	☐
	26	☐
	27	☐
	28	☐
	29	☐
	30	☐
	31	☐

MEETINGS		DATE			CALLS & EMAILS
8:00		M	JAN	1	☐
		T	FEB	2	☐
		W	MAR	3	☐
9:00		T	APR	4	☐
		F	MAY	5	☐
10:00		S	JUN	6	☐
		S	JUL	7	☐
			AUG	8	☐
11:00			SEP	9	☐
			OCT	10	☐
12:00			NOV	11	☐
			DEC	12	☐
				13	☐
1:00				14	☐
				15	☐
				16	
2:00				17	**TO DO**
				18	☐
3:00				19	☐
				20	☐
				21	☐
4:00				22	☐
				23	☐
5:00				24	☐
				25	☐
				26	☐
6:00				27	☐
				28	☐
				29	☐
7:00				30	☐
				31	

MEETINGS

- 8:00
- 9:00
- 10:00
- 11:00
- 12:00
- 1:00
- 2:00
- 3:00
- 4:00
- 5:00
- 6:00
- 7:00

DATE

M	JAN	1
T	FEB	2
W	MAR	3
T	APR	4
F	MAY	5
S	JUN	6
S	JUL	7
	AUG	8
	SEP	9
	OCT	10
	NOV	11
	DEC	12
		13
		14
		15
		16
		17
		18
		19
		20
		21
		22
		23
		24
		25
		26
		27
		28
		29
		30
		31

CALLS & EMAILS

TO DO

MEETINGS

8:00

9:00

10:00

11:00

12:00

1:00

2:00

3:00

4:00

5:00

6:00

7:00

DATE

M	JAN	1
T	FEB	2
W	MAR	3
T	APR	4
F	MAY	5
S	JUN	6
S	JUL	7
	AUG	8
	SEP	9
	OCT	10
	NOV	11
	DEC	12
		13
		14
		15
		16
		17
		18
		19
		20
		21
		22
		23
		24
		25
		26
		27
		28
		29
		30
		31

CALLS & EMAILS

☐ ___
☐ ___
☐ ___
☐ ___
☐ ___
☐ ___
☐ ___
☐ ___
☐ ___
☐ ___
☐ ___
☐ ___
☐ ___
☐ ___
☐ ___
☐ ___
☐ ___
☐ ___

TO DO

☐ ___
☐ ___
☐ ___
☐ ___
☐ ___
☐ ___
☐ ___
☐ ___
☐ ___
☐ ___
☐ ___
☐ ___
☐ ___
☐ ___

Notes

Water

Don't Forget

Menu Planner

	Breakfast	Lunch	Dinner
Mon			
Tue			
Wed			
Thur			
Fri			
Sat			
Sun			

Notes:

Shopping List

vegetables	qty/note

fruits	qty/note

dairy	qty/note

meats & seafood	qty/note

breads	qty/note

drinks	qty/note

deli meat	qty/note

condiments	qty/note

snacks	qty/note

cheese	qty/note

spices	qty/note

grains	qty/note

frozen	qty/note

canned/packaged	qty/note

personal care	qty/note

other	qty/note

| vegetables | | | fruits | | |

www.ingramcontent.com/pod-product-compliance
Lightning Source LLC
Chambersburg PA
CBHW081443220526
45466CB00008B/2493